マトリョーシカのレシピ帖

上原光子

Intro

マトリョーシカはロシア生まれの民芸品です。蓋を開けるごとに、ひとまわり小さなマトリョーシカが次から次へと現れる、乙女心をくすぐるなんともかわいらしいお人形です。

この本ではロシアの伝統的な絵つけとはちょっと違う、日本ならではの季節のマトリョーシカや、お祝いに贈る記念のマトリョーシカ、絵本の中から飛び出した物語のマトリョーシカなど、楽しいデザインをたくさん紹介しています。

→

Let's Try

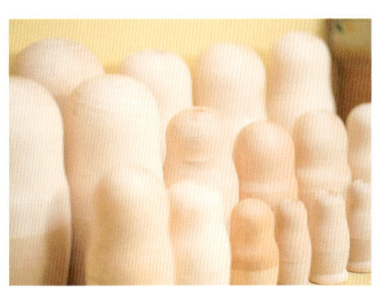

やりたいときにすぐにはじめられるように、私が店主をつとめるウェブショップMaminka（マミンカ）でも、いろんな形や大きさの白木をご用意しています。もちろん画材道具も揃っています。

マトリョーシカをペイントするとき、私は手間のかかる下地の処理はしません。それは、閃いたイメージをすぐに描きたいからです。今回も、下地の処理は省いています。まずは、思いついたイメージをどんどん描いて欲しいと思います。

→

はじめてのペイントでも簡単に描けるシンプルなものから、デザインの幅を広げるオリジナリティー溢れるもの、白木以外の素材で作る雑貨や、お寿司、ケーキまで。スキルや好みに合わせて自由にセレクトできます。

challenge!

そして、本書を通して、「マトリョーシカのある暮らしっていいな」と感じてもらえたら嬉しいです。

Contents

Prologue … 002
マトリョーシカをペイントするための道具 … 010

Chapter 1
マトリョーシカを描いてみよう

ふんわり丸模様 … 014
マスキングテープを使って … 018
シールを使って … 022
プラトークをかぶったマトリョーシカ … 026
耳をつける … 030

Chapter 2
季節のマトリョーシカ

《お正月》
ししまい … 040
まねきねこ … 041
《節分》
赤鬼・青鬼 … 043
《バレンタイン》
バニーガール … 046
友チョコストラップ … 047
《ひなまつり》
おひなさまオーナメント … 050
おひなさま3段飾り … 051
《卒業》
制服のマトリョーシカ … 054
カラフルストラップ … 055
《イースター》
イースターエッグ … 056
《母の日》
お母さんのマトリョーシカ … 060
針刺し … 061
《ハロウィン》
オバケのオーナメント … 063

《クリスマス》
サンタマトリョーシカ … 066
天使とサンタのオーナメント … 067

Chapter 3
物語の
マトリョーシカ

不思議の国のアリス … 072
赤ずきんちゃん … 074
オズの魔法使い … 076
白雪姫 … 078
3匹のくま … 080
金太郎 … 082

Chapter 4
いろいろな素材で
作るマトリョーシカ

フラッグガーランド … 092
クッキー風モビール … 094
樹脂ネンドの箸置き … 096
ステンシルランチョンマット … 098
マトリョーシカ押し寿司 … 100
マトリョーシカケーキ … 102

Column

いろいろな白木と買えるお店 … 034
いろんな顔 … 068
デザインに迷ったら … 084
将棋になったマトリョーシカ「まとしょうぎ」… 104

Mato Note

楽器になったマトリョーシカ「マトリョミン」… 108
Mato Album … 116
Design Sample … 122

Epilogue … 126

My Tool

マトリョーシカを
ペイントするための道具

私が普段使っている
基本的な道具を紹介します。

《アクリル絵の具》
デルタセラムコートがお気に入り。色数が多いので好きな色を選べます。伸びがよく初心者でも扱いやすいです。

《プラスチックパレット》
お肉などのトレーは凸凹していて便利です。絵の具が乾いたらペロッと剥がれるので何度も使えます。

《紙パレット》
持ち運びに便利なので、ワークショップなどで活躍しますが、凹みがないので大量の絵の具には適しません。

《丸筆―極細・細》
小さな面積や表情、ラインなど細かい部分を描くときに使います。メーカーにより太さは違います。

《平筆―中・太》
ベースなど広い面積を塗りつぶすときに使います。メーカーにより筆の太さや毛の長さは違います。

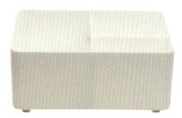

《筆洗①》
学生時代から使用しているもの。仕切りがあるので、絵の具の色により使い分けることができます。

《筆洗②》
ペットボトルの口を切ったもので、ワークショップのときに使います。使い捨てできるので便利です。

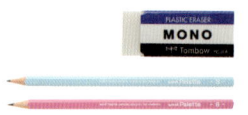

《鉛筆・消しゴム》
下描きをするときに使います。鉛筆はB以上の柔らかい芯がおすすめです。消しゴムはMONOがお気に入り。

《スケッチブック》
デザインを考えるときの下描きに使います。クロッキーがお気に入りですが、落書き帳でも何でもよいです。

《ワックスペーパー》
塗り立てのマトリョーシカを置きます。テーブルが汚れないだけでなく、くっつきにくいです。

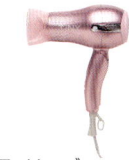
《ドライヤー》
絵の具やニスを乾かすときに大活躍します。ワークショップでは複数のドライヤーを持っていきます。

《マスキングテープ》
塗りたくない場所をカバーしたり、きれいな直線やチェック柄を描いたりするときに使います。

曲面用
《クリアーラインテープ》
マスキングテープでは貼れない曲面に使います。伸びて自由な線に貼れるのでとても便利です。

《軽量ネンド》
伸びがよく扱いやすいので、耳や口をつけるときに使います。とくにこれがよいというのはありません。

《ネンドベラ》
ネンドで作った耳などをつけるときに形を整えます。何十年も使っているので年季が入っています。

《ボンド》
ネンドで作った耳などをつけるときに使います。耳にやすりをかけるときにもしっかりついているので安心です。

《サンドペーパー》
ネンドを加工した後、滑らかにします。ときにはペイントが気に入らずにサンドペーパーで絵を消すこともあります。

《下地剤―シーラー》
ネンドで耳などをつけた後、上から塗ります。コーティングすることで保護と補強になります。

《水性ウレタンニス》
いろんなニスを使ってみて、私はこれにたどり着きました。水性で扱いやすく伸びがよく光沢も出ます。

《ニス用平筆》
ニス用筆はムラになりにくいのでおすすめですが、ない場合は平筆の太いのでも代用できます。

道具は大切！

011

はやく
はやく！

Let's Try!

1
Chapter

みんな
はじまるよー。

マトリョーシカを
描いてみよう

初心者でも簡単に描ける方法を紹介します。
楽しんでペイントしてみましょう。

How to Make

ふんわり丸模様

まるがちょっといびつでも不思議とかわいく見えます。
1色でもカラフルでも好きな色を使ってみましょう。

How to Make

ふんわり丸模様

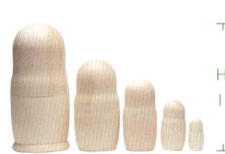

Height.
11cm

今回使ったもの：

白木
[5人組（スレートつき）／大の高さ約11cm]
アクリル絵の具（デルタセラムコート）
　2401 LIGHT IVORY
　2506 BLACK
　2043 TANGERINE
　2074 OCEAN REEF BLUE
　2102 BUTTER YELLOW
　2067 LEAF GREEN
水性ウレタンニス
（ニスはクリヤーでもマットでもお好みで）
✤ ニスで仕上げるなら、水彩絵の具で塗っても、色鉛筆で描いてもOK。
筆［丸筆（細）、平筆（太）、ニス用平筆］
鉛筆・消しゴム

01. 平筆（太）で全体を塗ります。

　　✤ 上下を離さずに塗ります。まず上半分を塗り、乾いてから上部を持って下半分を塗ると手が汚れません。

02. 乾いたら鉛筆で
　　薄く下書きをします。

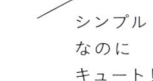

シンプルなのにキュート！

03. 丸筆（細）で下描きのラインを描きます。

✤ 絵の具をつけすぎずに描くと細いラインが描けます。

05. ニス用平筆でニスを塗ったら完成です。

✤ まず上半分を先に塗り、乾いてから上部を持って下半分を塗ると手が汚れません。厚塗りせずにさっと塗り広げ、乾いたら3度くらい塗り重ねると光沢が出ます。

04. 好きな色で好きな場所に水玉を描きます。

✤ ぽてっとした丸を描くときはたっぷり絵の具をつけて、置くように描くのがポイント。上下の切り目にも描いておくと蓋を閉めるときに柄合わせできます。

❗ 筆で細い線が描きにくい場合は、油性マジックで描いてもOKです。

✤ 左が筆、右がマジックで描いたもの。

017

How to Make

マスキングテープを使って

フリーハンドでまっすぐな線は描きにくいけど、
マスキングテープを使うと直線も斜線も自由自在です。
曲面には収縮性のあるテープを使いましょう。

How to Make

マスキングテープを使って

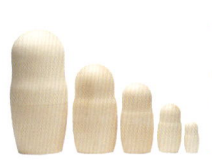

Height.
16cm

今回使ったもの：

白木
［大きな5人組（スレートなし）／
大の高さ約16cm］
アクリル絵の具（デルタセラムコート）
　2401 LIGHT IVORY
　2013 BLUE DANUBE
　2421 JUBILEE GREEN
　2486 EGGPLANT
　2668 BUBBLE GUM
　2483 AZUREBLUE
　2098 TOMATO SPICE
　2043 TANGERINE
　2074 OCEAN REEF BLUE
　2102 BUTTER YELLOW
　2067 LEAF GREEN
水性ウレタンニス
（ニスはクリヤーでもマットでもお好みで）
筆［丸筆（細）、平筆（中、太）、ニス用平筆］
マスキングテープ
曲面用クリアーラインテープ

01. 平筆（太）で、全体にベースの
色を塗ります。何色で塗ったか
覚えておきましょう。

　✣ 上下を離さずに塗ります。まず上半分を
塗り、乾いてから上部を持って下半分を塗
ると手が汚れません。

02. 乾いたら顔の位置を決めて、
好きなようにマスキングテープを
貼ります。

　✣ 曲面に貼るのは伸縮性のある曲面用クリ
アーラインテープがおすすめです。

ボーダーって
うきうき
しない?

03. マスキングテープの
貼っていないところに平筆(中、太)
で好きな色を塗ります。

✢ ベースの色と同じ色を塗らないように
注意。

05. 平筆(中)で顔の色を塗ります。

04. マスキングテープをすべて剥がし、
はみ出してしまったところは
丸筆(細)で修正します。

06. 丸筆(細)で目や鼻、口などを描き、
ニス用平筆でニスを塗ったら完成です。

✢ まず上半分を先に塗り、乾いてから上部
を持って下半分を塗ると手が汚れません。
厚塗りせずにさっと塗り広げ、乾いたら3
度くらい塗り重ねると光沢が出ます。

How to Make

シールを使って

丸や星など、いろいろな形、大きさのシールを自由に貼って
色の組み合わせを楽しみましょう。

023

How to Make

シールを使って

01. 平筆（中、太）で全体に
    ベースの色を塗ります。何色で
    塗ったか覚えておきましょう。
    ✢ 上下を離さずに塗ります。

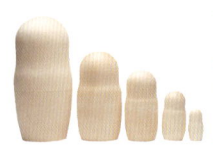

Height.
16cm

今回使ったもの：

白木
［大きな5人組（スレートなし）／
大の高さ約16cm］
アクリル絵の具（デルタセラムコート）
　2401　LIGHT IVORY
　2013　BLUE DANUBE
　2421　JUBILEE GREEN
　2486　EGGPLANT
　2668　BUBBLE GUM
　2483　AZUREBLUE
　2098　TOMATO SPICE
　2043　TANGERINE
　2074　OCEAN REEF BLUE
　2102　BUTTER YELLOW
　2067　LEAF GREEN
水性ウレタンニス
（ニスはクリヤーでもマットでもお好みで）
筆［丸筆（細）、平筆（中、太）、ニス用平筆］
シール

02. 乾いたら顔の位置を決めて、
    それ以外の好きな場所にシールを
    貼ります。
    ✢ シールは色の境界なども気にせず自由に。
    曲面はくっつきにくいですが、あとで修正
    するので気にしない。

星って
スターって
感じで
カッコイイ！

03. シールの上から平筆（中、太）で
好きな色を塗ります。

✤ ベースの色が濃ければ薄い色、薄ければ
濃い色を重ねると、シールの模様がしっか
り出ます。ベースの色と同じ色を塗らない
ように注意。

05. 丸筆（細）ではみ出した部分を
修正します。

04. シールを剥がして、顔の輪郭を
整えたら、目や鼻、口などを描きます。

✤ 目玉はシールを使って描くとデザインの
統一感が出ます。今回顔の色はベースの色
を活かしましたが、好きな色で描いてOK
です。

06. ニス用平筆でニスを塗ったら
完成です。

✤ まず上半分を先に塗り、乾いてから上部
を持って下半分を塗ると手が汚れません。
厚塗りせずにさっと塗り広げ、乾いたら3
度くらい塗り重ねると光沢が出ます。

025

How to Make

プラトークをかぶった
マトリョーシカ

いよいよマトリョーシカらしい絵つけです。
色と色の境界線に気をつけて塗りましょう。

How to Make

プラトークをかぶった
マトリョーシカ

これこそ
王道！！

01. デザインを考えて
スケッチブックに描きます。

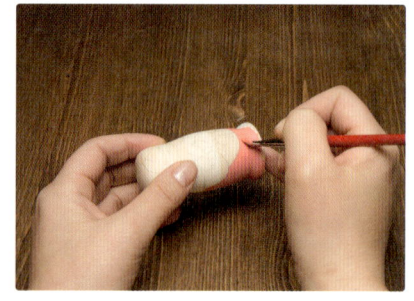

03. 塗り重ねていく際に一番下になる、
面積の広いワンピースから
平筆（中）で塗ります。

✤ 細かく描いた下書きは塗りつぶしてしまって構いません。上下を離さずに塗ります。

02. 白木に鉛筆で
薄く下描きをします。

✤ 細かい柄は一旦塗りつぶしてしまうので、おおまかな境界線などがわかる程度でOKです。

04. 白いブラウスを塗って、乾いたら
黄色いエプロンを丸筆（細）で塗ります。

✤ 色と色の境界線を開けないようにしっかり塗りつぶしましょう。鉛筆の下描きも塗りつぶして構いません。

今回使ったもの：

白木（小さな3人組／大の高さ約7cm）
アクリル絵の具（デルタセラムコート）
 2401 LIGHT IVORY
 2013 BLUE DANUBE
 2668 BUBBLE GUM
 2483 AZURE BLUE
 2089 NAVY BLUE
 2097 GEORGIA CLAY
 2098 TOMATO SPICE
 2043 TANGERINE
 2074 OCEAN REEF BLUE
 2102 BUTTER YELLOW
 2067 LEAF GREEN
水性ウレタンニス
（ニスはクリヤーでもマットでもお好みで）
筆［丸筆（極細、細）、平筆（中）、
ニス用平筆］
スケッチブック
鉛筆・消しゴム

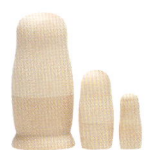

Height. 7cm

05. 顔のベース色を塗ってから
髪の毛を丸筆（細）で塗ります。
乾いたら赤い頭巾を平筆（中）、
顔周りは丸筆（細）で塗ります。

07. 丸筆（細）で細かいところを
描き込みます。

✜ 筆の柄の部分を使ってドットを塗ると、
きれいな丸になります。

06. ベースをすべて塗ったら、
丸筆（極細、細）で顔や柄を描きます。

✜ ほっぺは、絵の具をつけすぎず、掠れる
くらいで描くとやさしい雰囲気になります。

08. ニス用平筆でニスを塗ったら
完成です。

✜ まず上半分を先に塗り、乾いてから上部
を持って下半分を塗ると手が汚れません。
厚塗りせずにさっと塗り広げ、乾いたら3
度くらい塗り重ねると光沢が出ます。

029

How to Make

耳をつける

耳をつければマトリョーシカが動物に大変身。
ネコやクマ、ウサギなど
好きな動物をつくりましょう。

How to Make

耳をつける

ネコ型
ロボット？

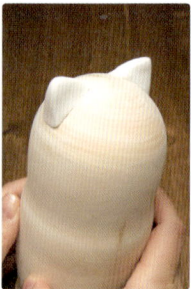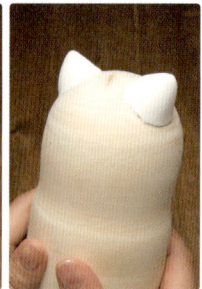

01. 軽量ネンドで耳をつけます。

✧ 前後左右均等になるようにいろいろな角度から見て、つける位置を決めましょう。接着面にボンドをつけると取れにくくなります。ネンドベラなどで形を整え、接着部分に隙間がないように気をつけます。

03. ネンドが乾いたら、サンドペーパーで耳の表面を滑らかにし、下地剤をネンドの部分にたっぷり塗ります。

✧ 耳のつけ根部分にもしっかり塗り込みましょう。

02. お好みで中のマトリョーシカにも耳をつけます。

✧ マトリョーシカの中は意外と狭いので、蓋がしっかり閉まるか確認しながら耳の大きさを調整します。

04. 平筆（太）で全体を塗ります。

✧ 上下を離さずに塗ります。まず上半分を塗り、乾いてから上部を持って下半分を塗ると手が汚れません。

今回使ったもの：

白木［大きな5人組（スレートつき）／
大の高さ約16cm］
アクリル絵の具（デルタセラムコート）
| 2668 BUBBLE GUM
| 2483 AZURE BLUE
| 2089 NAVY BLUE
| 2097 GEORGIA CLAY
| 2506 BLACK
| 2102 BUTTER YELLOW
| 2067 LEAF GREEN

水性ウレタンニス
（ニスはクリヤーでもマットでもお好みで）
筆｛丸筆（細）、平筆（太）、ニス用平筆｝
軽量ネンド／ボンド／ネンドベラ
サンドペーパー（細目～中目）
下地剤（シーラー）

Height.
16cm

05. 乾いたら丸筆（細）で鼻やひげを
    描きます。

    ✣ 鉛筆で下書きをしておくと失敗がありません。目をつけるところにも印をつけておきます。

07. ニス用平筆でニスを塗ったら
    完成です。

    ✣ まず上半分を先に塗り、乾いてから上部を持って下半分を塗ると手が汚れません。厚塗りせずにさっと塗り広げ、乾いたら3度くらい塗り重ねると光沢が出ます。ただし、耳のつけ根はたっぷりと。

06. 丸筆（細）でおなかに
    ワンポイントで
    好きな絵を描きます。

08. ニスが乾いたら目玉シールを
    貼ります。

    ✣ おもちゃっぽいポップな仕上がりになります。

Column 01

いろいろな白木と買えるお店

マトリョーシカには、いろいろな大きさが
あるのをご存知ですか？　マトリョーシカだけでなく、
ロシア発信の白木はユニークな形が
たくさんあります。

⇒大きな5人組

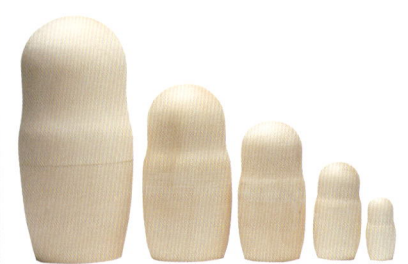
（スレートなし／大の高さ約16cm）

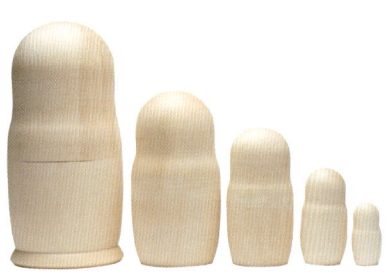
（スレートつき／大の高さ約16cm）

⇒5人組

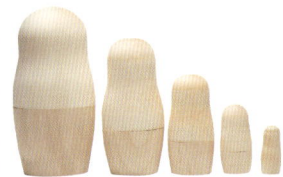
（スレートなし／大の高さ約11cm）

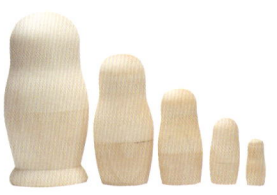
（スレートつき／大の高さ約11cm）

⇒小さな3人組

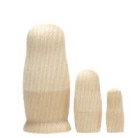
（大の高さ約7cm）

⇒おきあがりこぼし

たまご形

（高さ約11cm）

ひょうたん形

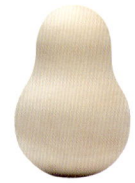
（高さ約11cm）

⇒3個組たまご

（大の高さ約10cm）

⇒マグネット

正面　横

（高さ約5.5cm）

⇒親子で数あそび
（親の高さ約16cm）

マトリョーシカの白木は大きな画材店やロシア雑貨のお店などで販売しています。近くにお店がないときは、ネットでも購入できます。

＊白木が買えるお店＊
白木マトリョーシカのお店「マミンカ」
⇒http://www.maminka.com/
ロシア雑貨のお店「ルイノク」
⇒http://www.rakuten.ne.jp/gold/ruinok-2/

⇒ペンケース
（高さ約21cm）

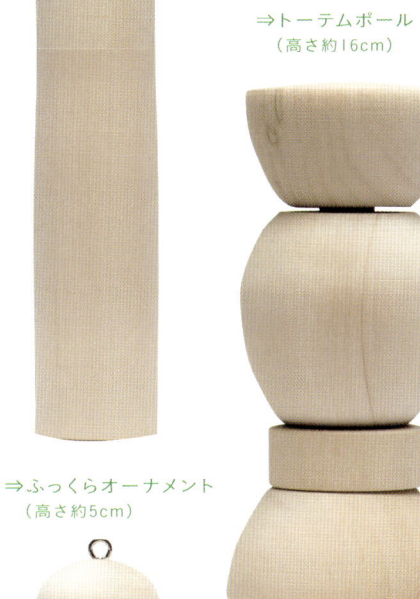

⇒森の家の5人家族
（家の高さ約11cm）

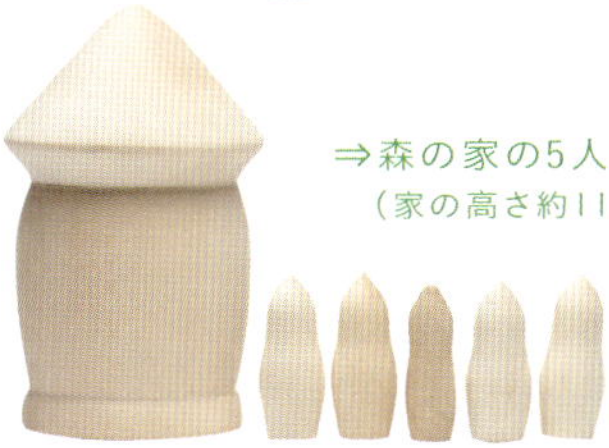

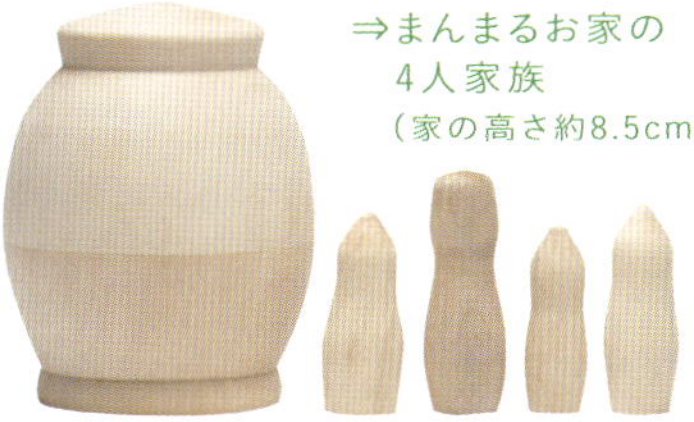

⇒トーテムポール
（高さ約16cm）

⇒まんまるお家の
4人家族
（家の高さ約8.5cm）

⇒ストラップ3種

蓋が開く
タイプ

蓋が開かない
タイプ

たまご形

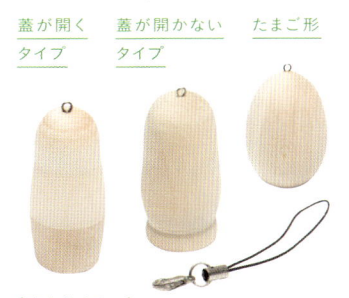

⇒ふっくらオーナメント
（高さ約5cm）

（高さ約4.5cm）

昨日の
「マトマトシカシカ」
観た？

Seasonal Event

2
Chapter

みんなまだ？

季節の
マトリョーシカ

いろいろな形の白木を使い、
季節のイベントに合わせて作った
作品を紹介します。

Seasonal Event

お正月

おめでたい柄をいっぱい詰め込んで、
卵形の白木にペイントしました。
玄関や小窓に置いてお正月を演出しましょう。
家にある適当なサイズの板に
ペイントすれば、台座になります。

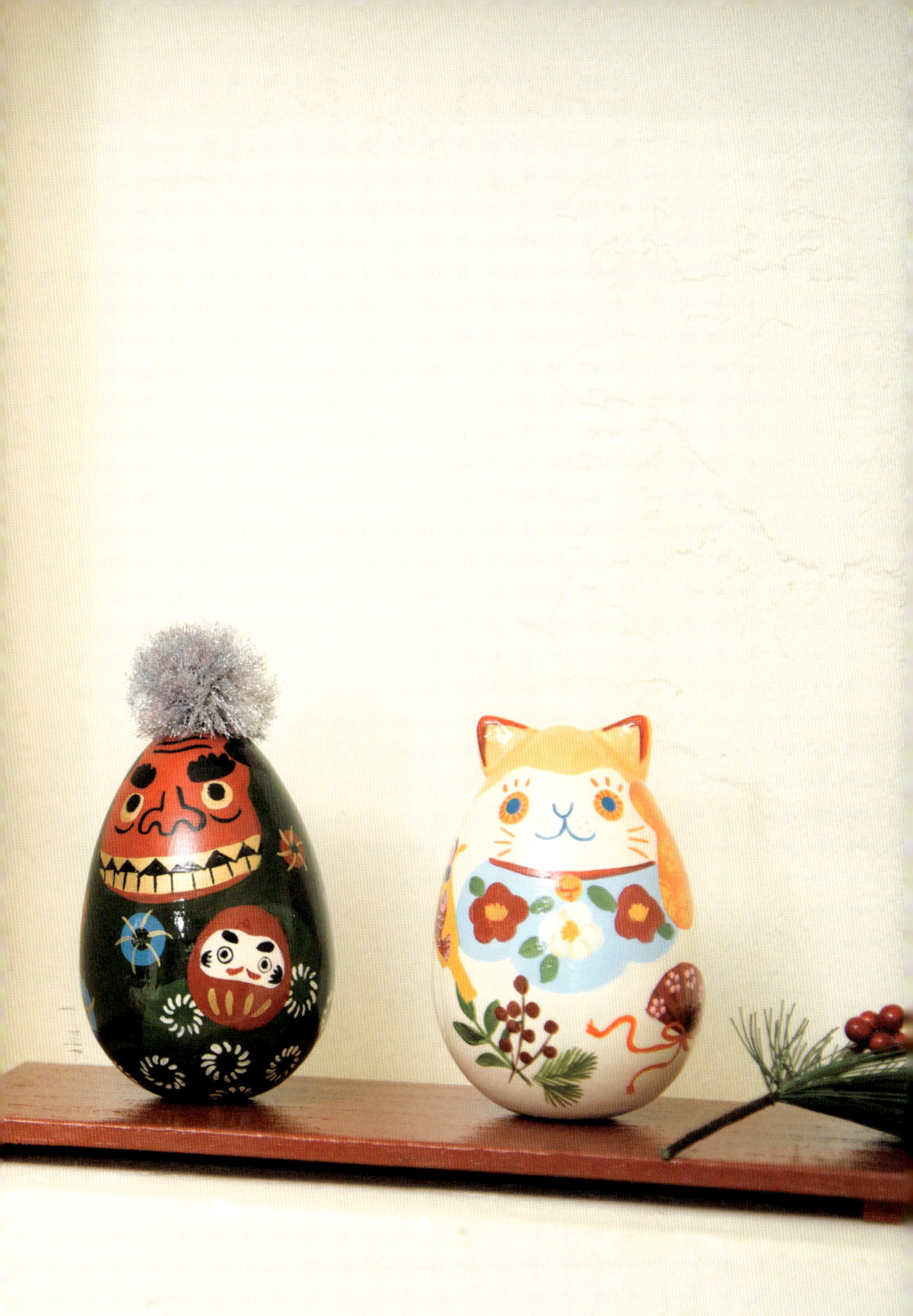

Seasonal Event

ししまい

今回使った白木：

おきあがりこぼし（たまご形／高さ約11cm）

(Side)　(Back)

01.
スケッチブックに
デザインを描きます。
✧ お正月をイメージするモチーフにします。ここではししまいの色に合わせて赤いだるまを選びました。

02.
スケッチを参考に、
細かいところは除き、
広いスペースから
塗りつぶしていきます。

03.
細かい部分は、
鉛筆で薄く下描きを
してから描きます。
✧ 金色や銀色などの絵の具を使うと豪華になります。

04.
すべて描き終えたら、
ニスを塗ります。
✧ まず上半分を先に塗り、乾いてから上部を持って下半分を塗ると手が汚れません。厚塗りせずにさっと塗り広げ、乾いたら3度くらい塗り重ねると光沢が出ます。

05.
ポンポンを上部に
ボンドで
貼りつけます。

06.
台座用の板にも
ペイントしてニスを塗ります。
乾いたら、
ししまいなどを
置いて完成です。

まねきねこ

今回使った白木：

おきあがりこぼし（たまご形／高さ約11cm）

(Side) (Back)

01.
スケッチブックに
デザインを描きます。

✣ お正月をイメージするモチーフにします。今回は梅や松、羽子板、扇子を選びました。

02.
軽量ネンドで耳をつけます。
接着面にボンドをつけると、
しっかりつきます。
乾いたらサンドペーパーで
表面を滑らかにします。

03.
耳全体に下地剤
（シーラー）を
塗ります。

04.
スケッチを参考に、
細かい部分は除き、
広いスペースから
塗りつぶしていきます。

05.
細かい部分は、
鉛筆で薄く下描きを
してから描きます。

06.
すべて描き終えたら、
ニスを塗って完成です。

✣ まず上半分を先に塗り、乾いてから上部を持って下半分を塗ると手が汚れません。厚塗りせずにさっと塗り広げ、乾いたら3度くらい塗り重ねると光沢が出ます。

Seasonal Event

節分

マトリョーシカを節分の豆入れにしました。
こわい鬼！　やさしい鬼！　かわいい鬼！
いろんな鬼をペイントしてみましょう。

(Side)　(Back)　(Side)　(Back)

赤鬼・青鬼

今回使った白木：
5人組（スレートなし）大のみ（高さ約11cm）

01.
スケッチブックに
デザインを描きます。
✥ 絵本などを参考にして、オリジナルのユニークな鬼をイメージします。

02.
軽量ネンドで耳と角
（赤鬼は2本、青鬼は1本）を
つけます。
✥ 接着面にボンドをつけると取れにくくなります。ネンドベラなどで形を整え、接着部分に隙間がないように気をつけます。

03.
ネンドが乾いたら、
サンドペーパーで耳と角の
表面を滑らかにし、
下地剤（シーラー）を
ネンドの部分にたっぷり塗ります。
✥ 耳と角のつけ根部分にもしっかり塗り込んでください。

04.
スケッチを参考に、
細かい部分は除き、
広いスペースから
塗りつぶしていきます。

05.
細かい部分は、
鉛筆で薄く下描きを
してから描きます。
✥ 黒のラインは最後に描きます。細い線は極細の筆を使い、絵の具をつけすぎないのがポイント。

06.
すべて描き終えたら、
ニスを塗って完成です。
✥ まず上半分を先に塗り、乾いてから上部を持って下半分を塗ると手が汚れません。厚塗りせずにさっと塗り広げ、乾いたら3度くらい塗り重ねると光沢が出ます。

043

Seasonal Event

バレンタイン

バレンタインは、入れ物にもこだわって！
心を込めて、世界にたったひとつの
贈り物を作りましょう。
ストラップの中には願い事を入れて。
受験シーズンのお守りとして
プレゼントしても喜ばれそう。

ストラップに
するぞ。

Seasonal Event

バニーガール

今回使った白木：

大きな5人組（スレートなし）大のみ（高さ約16cm）

(Side)　(Back)

01.
スケッチブックに
デザインを描きます。

✢ 今回はマトリョーシカとは正反対のセクシーなスタイルをイメージして描いてみました。

02.
軽量ネンドで耳としっぽをつけます。

✢ 長い耳は先にある程度形を整えてから接着しましょう。接着面にボンドをつけると取れにくくなります。乾いたらサンドペーパーで表面を滑らかにします。

03.
耳としっぽ全体に
下地剤（シーラー）を
塗ります。

04.
スケッチを参考に、
細かい部分は除き、
広いスペースから
塗りつぶしていきます。

05.
細かい部分は、
鉛筆で薄く下描きを
してから描きます。

✢ 黒のラインは最後に描きます。細い線は極細の筆を使い、絵の具をつけすぎないのがポイント。

06.
すべて描き終えたら、
ニスを塗って完成です。

✢ まず上半分を先に塗り、乾いてから上部を持って下半分を塗ると手が汚れません。厚塗りせずにさっと塗り広げ、乾いたら3度くらい塗り重ねると光沢が出ます。

友チョコストラップ

今回使った白木：

ストラップ（蓋が開くタイプ／高さ約4.5cm）

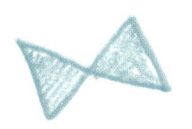

(Back)

01.
スケッチブックに
デザインを描きます。
✥ 贈る友だちのイニシャルを描くと、特別感が出るのでおすすめです。

02.
スケッチを参考に、
細かい部分は除き、
全体を
塗りつぶします。

03.
細かい部分は、
鉛筆で薄く
下描きをしてから
描きます。

04.
すべて描き終えたら、
ニスを塗ります。
✥ まず上半分を先に塗り、乾いてから上部を持って下半分を塗ると手が汚れません。厚塗りせずにさっと塗り広げ、乾いたら3度くらい塗り重ねると光沢が出ます。

05.
ストラップ金具や
リボンで
おめかししたら
完成です。

047

Seasonal Event

ひなまつり

おひなさまになったマトリョーシカ。
マトリョーシカの特性を活かして、コンパクトにしまえるのが
ポイントです。伝統的な模様や表情にとらわれず、
自由な発想でデザインしましょう。
壁にかけられる、オーナメントタイプも作りました。

049

Seasonal Event

おひなさまオーナメント

今回使った白木：

ふっくらオーナメント（高さ約5cm）

(Side)　(Back)

01.
スケッチブックに
デザインを描きます。
✤ 和風のモチーフを取り入れながらも、行きすぎないように色はかわいらしくアレンジしました。

02.
スケッチを参考に、
細かい部分は除き、
全体を
塗りつぶしていきます。

03.
細かい部分は、
鉛筆で薄く下描きを
してから描きます。

04.
すべて描き終えたら、
ニスを塗ります。
✤ まず上半分を先に塗り、乾いてから上部を持って下半分を塗ると手が汚れません。厚塗りせずにさっと塗り広げ、乾いたら3度くらい塗り重ねると光沢が出ます。

05.
りぼんをつけて壁に
飾ったら、完成です。

おひなさま3段飾り

今回使った白木：
大きな5人組（スレートなし）2セット（大の高さ約16cm）

(Side)　(Back)

01.
スケッチブックに
デザインを描きます。
✣ おひなさまとおだいりさま、3人官女、5人ばやしの10体をペイントします。和風モチーフを取り入れながらも、行きすぎないようにやさしい色合いにしました。色調を揃えると統一感が出ます。

02.
スケッチを参考に、
細かいところは除き、
広いスペースから
塗りつぶしていきます。

03.
細かい部分は、鉛筆で
薄く下描きをしてから
描きます。

04.
すべて描き終えたら、
ニスを塗ります。
✣ まず上半分を先に塗り、乾いてから上部を持って下半分を塗ると手が汚れません。厚塗りせずにさっと塗り広げ、乾いたら3度くらい塗り重ねると光沢が出ます。

05.
10体をひな壇に
セットしたら完成です。
✣ 敷き布もマトリョーシカの色に合わせて作ると、よりオリジナリティーが出ます。ひな壇は布で隠れるのでお菓子の箱など何でもOK。

051

Seasonal Event

卒 業

卒業の記念に、慣れ親しんだ制服を着た
マトリョーシカを作ってみませんか？
離ればなれになるお友達にはストラップをプレゼント。

あ、あの子
か・わ・い・い。

Seasonal Event

制服のマトリョーシカ

今回使った白木：

5人組（スレートつき／大の高さ約11cm）

(Side)　(Back)

01.

スケッチブックに
デザインを描きます。

✧ 思い出の制服を描きましょう。部活のユニフォームもよいですね。仲良しのお友達を真似て描いても楽しいです。

03.

細かい部分は、
鉛筆で薄く下描きを
してから描きます。

02.

スケッチを参考に、
細かい部分は除き、
広いスペースから
塗りつぶしていきます。

04.

最後にチェック柄の
ラインを描きます。

✧ 細い線は極細の筆を使い、絵の具をつけすぎないのがポイント。

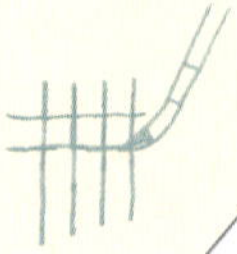

05.

すべて描き終えたら、
ニスを塗って完成です。

✧ まず上半分を先に塗り、乾いてから上部を持って下半分を塗ると手が汚れません。厚塗りせずにさっと塗り広げ、乾いたら3度くらい塗り重ねると光沢が出ます。

カラフルストラップ

今回使った白木：

ストラップ（高さ約4.5cm）

(Side)　(Back)

01.
スケッチブックに
デザインを描きます。
✥ 贈る友達の好きなモチーフや似顔絵を描いても楽しいです。

02.
スケッチを参考に、
細かい部分を除き、
全体を塗りつぶします。

03.
細かい部分は、
鉛筆で薄く下描きを
してから描きます。

04.
すべて描き終えたら、
ニスを塗って完成です。
✥ まず上半分を先に塗り、乾いてから上部を持って下半分を塗ると手が汚れません。厚塗りせずにさっと塗り広げ、乾いたら3度くらい塗り重ねると光沢が出ます。

055

Seasonal Event

イースター

春を祝うお祭りの「イースター」。
もともとはゆで卵にペイントしたそうですが、
今回はたまご形のマトリョーシカに
描きます。鳥の巣をイメージして、
遊び心をプラスしました。

イースターエッグ

今回使った白木：
3個組たまご（大の高さ約10cm）

01.
スケッチブックに
デザインを描きます。
✤ チロリアンテープをイメージしてシマシマ模様にしました。お手持ちのリボンやチロリアンテープを参考にするとよいです。

02.
シマシマ模様に
するために曲面用
クリアーラインテープを
貼ります。
✤ マスキングテープでは曲面にきれいに貼ることができません。

03.
曲面用クリアーライン
テープの間を塗り、
乾いたらテープを
剥がします。
それを繰り返して、
シマシマにしましょう。

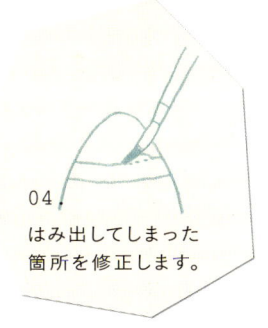

05.
全体を塗ったら、
鉛筆で
薄く下描きをしてから、
細かい模様を
描いていきます。

06.
すべて描き終えたら、
ニスを塗って完成です。
✥ まず上半分を先に塗り、乾いてから上部を持って下半分を塗ると手が汚れません。厚塗りせずにさっと塗り広げ、乾いたら3度くらい塗り重ねると光沢が出ます。

04.
はみ出してしまった
箇所を修正します。

Seasonal Event

母 の 日

お花のアクセントに、
マトリョーシカのオーナメントをつけて。
裁縫が好きなお母さんには、
針刺しにしてプレゼント。

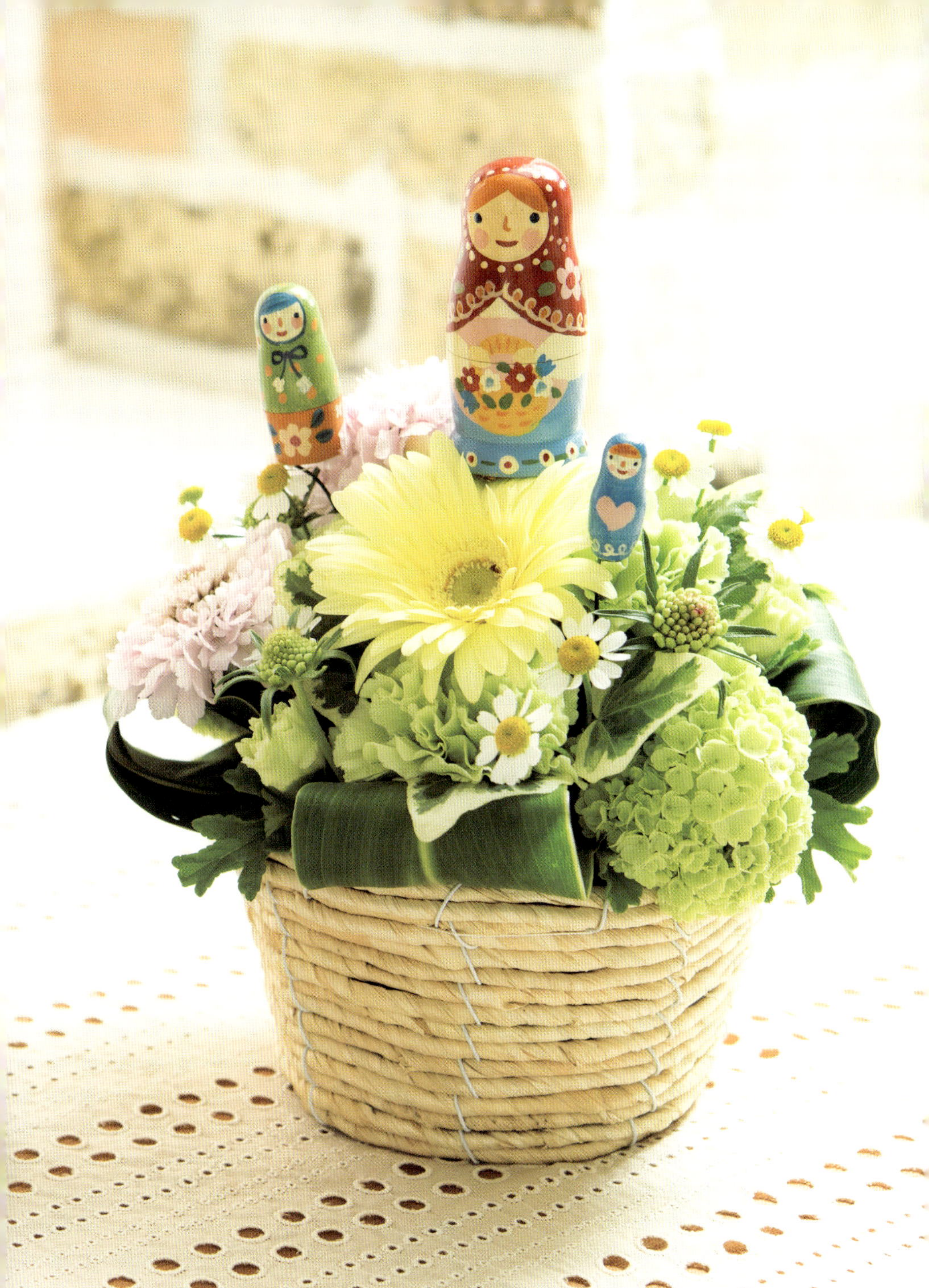

Seasonal Event

お母さんのマトリョーシカ

今回使った白木：

小さな3人組（大の高さ約7cm）

(Side) (Back)

01.
スケッチブックに
デザインを描きます。

✣ お母さんの似顔絵や、お母さんが好きなものを描いてみましょう。

02.
スケッチを参考に、
細かいところは除き、
広いスペースから
塗りつぶしていきます。

03.
細かい部分は、
鉛筆で薄く下描きを
してから描きます。

04.
すべて描き終えたら、
ニスを塗ります。

✣ まず上半分を先に塗り、乾いてから上部を持って下半分を塗ると手が汚れません。厚塗りせずにさっと塗り広げ、乾いたら3度くらい塗り重ねると光沢が出ます。

05.
アルミワイヤーの
先端をペンチで
うずまき状にして平らにし、
マトリョーシカの裏側に
両面テープで
貼りつけます。

06.
反対側のワイヤーの
先端をフラワーアレンジの
オアシスに差し込んだら
完成です。

✣ 大輪の花より、小振りの花の方がお花畑っぽくなります。マトリョーシカを花屋さんに持って行き、色合いなど相談してみましょう。

針刺し

今回使った白木:
5人組（スレートつき）大のみ（高さ約11cm）

(Side)　(Back)

01.
スケッチブックに
デザインを描きます。
✤ お母さんの似顔絵や、お母さんが好きなものを描いてみましょう。

02.
スケッチを参考に、
細かい部分は除き、
広いスペースから
塗りつぶしていきます。

03.
細かい部分は、
鉛筆で薄く下描きを
してから描きます。

04.
すべて描き終えたら、
ニスを塗ります。
✤ まず上半分を先に塗り、乾いてから上部を持って下半分を塗ると手が汚れません。厚塗りせずにさっと塗り広げ、乾いたら3度くらい塗り重ねると光沢が出ます。

05.
マトリョーシカの
色合いに合わせた生地で
針刺しを作ります。

06.
布の大きさは
胴体部分の直径の約3倍の
大きさの丸にします。

07.
綿を詰めて
口の部分を
針で縫います。

08.
側面をボンドで
固定したら、
完成です。

Seasonal Event

ハロウィン

蛍光塗料でペイントすると、
暗闇からオバケちゃんたちが浮かび上がります。
ゴムやポンポンをつければ、びよんびよんと
オバケちゃんがダンスするよ。

(Side)　(Back)

オバケのオーナメント

今回使った白木：
ふっくらオーナメント（高さ約5cm）

01.
スケッチブックに
デザインを描きます。
✣ 蛍光塗料を塗った部分が暗闇で光るので光らせたい部分を考えてデザインしましょう。

02.
上の金具はペンチで
切って外し、全体を
白い絵の具で
塗りつぶします。
✣ 蛍光塗料は白の上でないと効果を発揮しにくいのです。

03.
鉛筆で薄く下描きを
して、蛍光塗料を
塗る部分以外を、
絵の具で塗りつぶします。

04.
蛍光塗料を塗ります。
✣ ムラが出やすいので、乾いてから何度か塗り重ねましょう。

05.
おしりにつける
ポンポンを作ります。
✣ 10cm程に切った飾りひもを2本用意して、真ん中をゴムの端で結びます。

06.
オーナメントの
頭とおしりに、
キリかドリルで穴を開け、
ゴムひもを通します。
頭の方には
ビーズを通します。

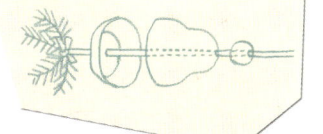

07.
ゴムをしっかり
結んで固定したら
完成です。

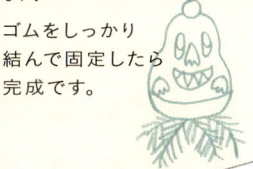

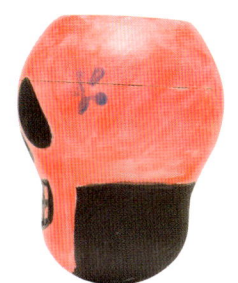

063

Seasonal Event

クリスマス

小窓や飾り棚に置ける
小さなサンタマトリョーシカと、
オーナメント。たくさん作って
ツリーに飾っても、プレゼントに
添えてもかわいい。

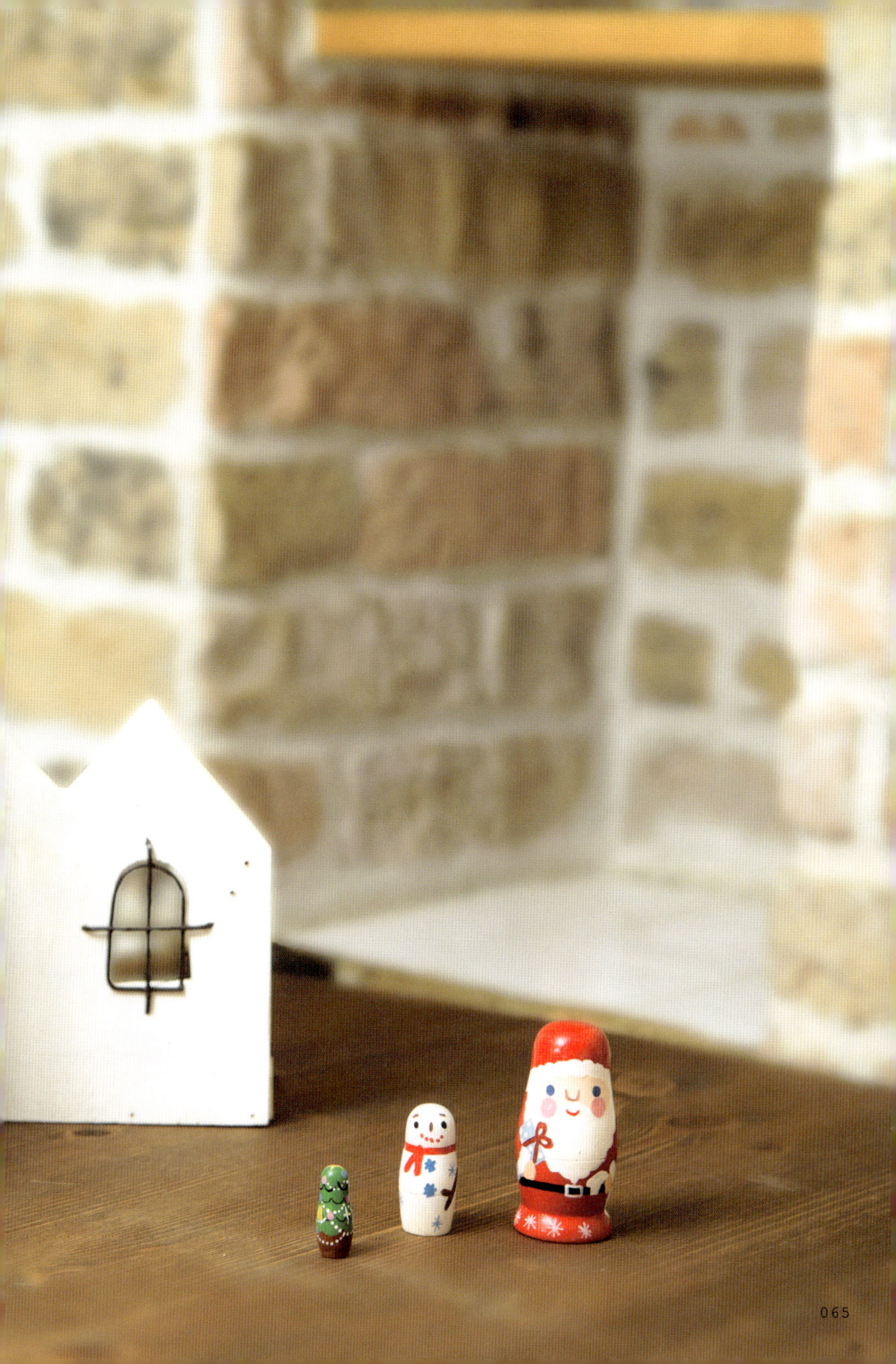

Seasonal Event

サンタマトリョーシカ

今回使った白木：

小さな3人組（大の高さ約7cm）

(Side)　(Back)

01.
スケッチブックに
デザインを描きます。
✧ サンタさんの顔をふっくら見せるために通常のマトリョーシカよりもかなり下の方に顔を描きます。

02.
スケッチを参考に、
細かいところは除き、
広いスペースから
塗りつぶしていきます。

03.
細かい部分は、
鉛筆で薄く
下描きをしてから
描いていきます。

04.
すべて描き終えたら、
ニスを塗って完成です。
✧ まず上半分を先に塗り、乾いてから上部を持って下半分を塗ると手が汚れません。厚塗りせずにさっと塗り広げ、乾いたら3度くらい塗り重ねると光沢が出ます。

天使とサンタのオーナメント

今回使った白木：

ストラップ（蓋が開かないタイプ／たまご形／高さ約4.5cm）

(Side)　(Back)

01.
スケッチブックにデザインを描きます。

02.
スケッチを参考に、細かいところは除き、広いスペースから塗りつぶしていきます。

✣ サンタは全体をベースカラーで塗りつぶしてから顔やひげを描いた方が簡単です。

03.
細かい部分は、鉛筆で薄く下描きをしてから描きます。

✣ 小さい形は持ちにくく、絵柄も細かくなるので丁寧に描きましょう。

04.
ニスを塗ったら完成です。

✣ まず上半分を先に塗り、乾いてから上部を持って下半分を塗ると手が汚れません。厚塗りせずにさっと塗り広げ、乾いたら3度くらい塗り重ねると光沢が出ます。

067

Column 02

いろんな顔

うふふ
変な人！！

マトリョーシカペイント教室のとき、生徒さんによく聞かれるのが「顔はどこに描いたらよいのでしょう？」ということです。手に持ってペイントするため、斜め下からの目線で描く場合が多く、どうしても顔の位置が下になりがちです。描いているときは何も感じませんが、下に置いてみるとなんだか下のほうに顔がついている……、ということがあります。マトリョーシカペイントの際には置いたり、持ったり、いろいろな目線で確認することをおすすめしています。

マトリョーシカの顔も
髪型も様々に。
自由に楽しんで！

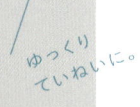

ゆっくり
ていねいに。

068

2つのマトリョーシカは似た顔ですが、描く位置によって大きく印象が違います。ご自身のお好きな位置を探してみてください。私は、くびれより上になるように顔をつけるのが好きです。

シュールになるよ。

顔が命!!

069

ちょっと
待ってよ。

Fairy Tale

3
Chapter

絵本が
はじまっちゃうよー！

物語の
マトリョーシカ

物語をマトリョーシカにとじ込めて。
大好きな絵本に出てくる登場人物を
マトリョーシカにしました。

Fairy Tale

不思議の国のアリス

穴の奥から… ♛ こんにちは。

作り方のポイント：

登場人物を描くだけでなく、ボディには物語の背景や小物を盛り込んで。ストーリーを想像させる仕上がりにしましょう。

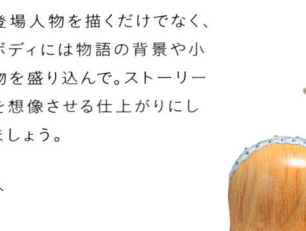

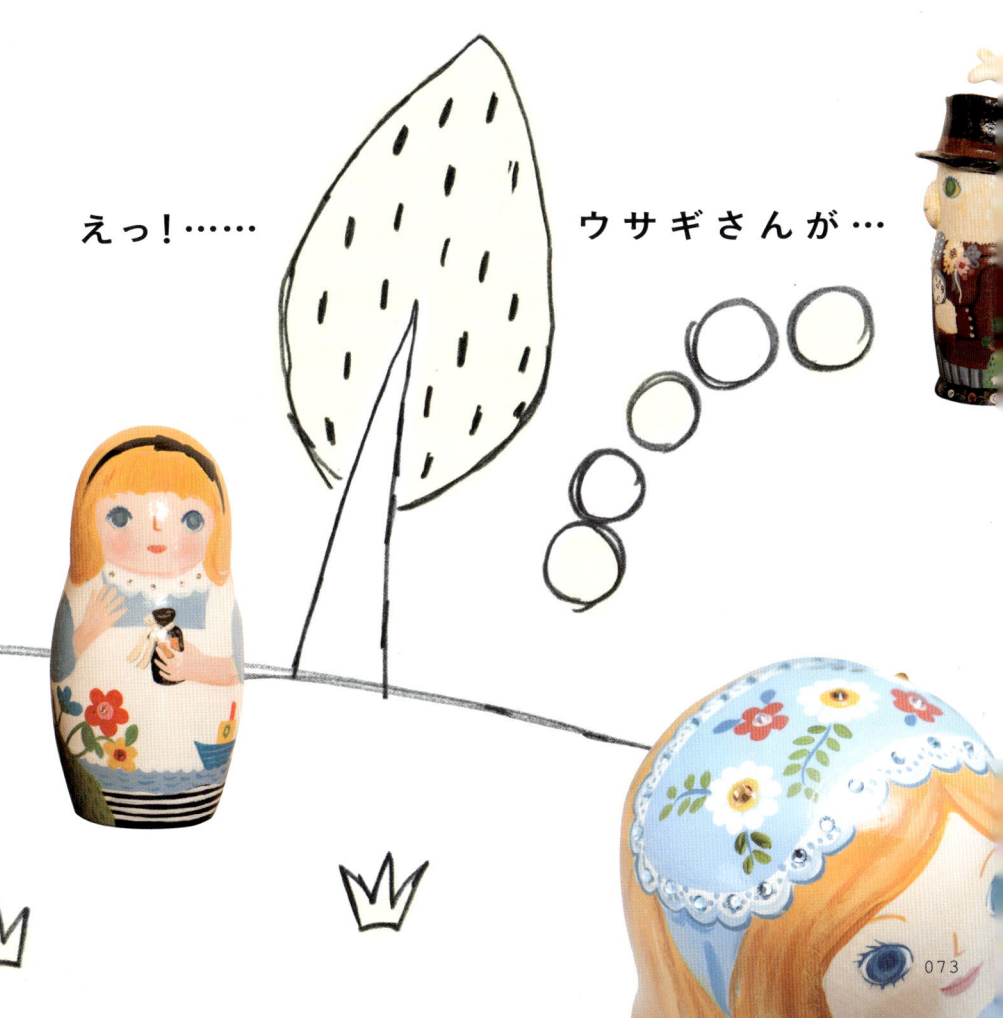

フムフム！

えっ！……　　　ウサギさんが…

Fairy Tale

赤ずきんちゃん

脂が乗っていて
うまそうだな

それはねえ…

作り方のポイント：
赤いずきんの女の子はマトリョーシカには最適のキャラクターですね。物語の進行に合わせて絵柄を構成しましょう。オオカミをメインキャラクターにして思い切り造形するのも楽しいです。

おばあさんの口って、なんて大きいの！

食べないで…

Fairy Tale

オズの魔法使い

故郷に帰りたい…

魔法使いさん
どこですかー

ウギャ
ウギャギャ

作り方のポイント：
オズの魔法使いは個性的なキャラクターがたくさん出てきます。ドロシーの背中にはお城を描いて、オズの世界を表現しました。

目がまわるよ

ここは…どこ？？

077

Fairy Tale

白雪姫

世界で一番

フフフフ

小人たちと出会い…

作り方のポイント：
白雪姫は登場人物がたくさんいます。小人は白雪姫のボディにも描いて7人にしました。

美しい女性は　　　　　…白雪姫

いただきます！

Fairy Tale

3匹のくま

留守中に…

わあ

それから数年後…

楽しい～！

突然の訪問者…

作り方のポイント：
「3匹のくま」のつづきを想像して作成しました。くまの子どもも1匹増えています。仲良しになったくまの親子と、森の動物たちが女の子の誕生日を祝ってくれています。マトリョーシカの中は狭いので、耳の大きさを確認しながらつけましょう。

081

Fairy Tale

金太郎

くまゴン！

日本の物語
とマトリョーシカの
組み合わせ。

お山で一番の力持ちは、

今回の主役は、
わたくしですよ！

!!

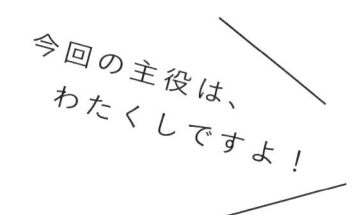

作り方のポイント：
日本の物語もマトリョーシカにしてみましょう。金太郎はメインキャラクターではなく、2番目にしました。くまのフタを開けたら金太郎が出てくるなんて楽しいでしょう？思わず笑顔になるユニークな表情にしました。

さぁ、どちら？

Column 03

デザインに
迷ったら

配色も
大事！

マトリョーシカを描くときに、なかなかよいデザインがひらめかないこともあります。
そういうときは、マトリョーシカとはまったく違うデザインを参考にしてみてはどうでしょう？　私は、テキスタイルパターンや、刺繍、リボンなどのデザインを見るのが好きです。布のデザインは元々色数が限られており、色の組み合わせも完成されているので、その色を使えば失敗することはほとんどありません。とっても色の勉強になるんです。お気に入りの洋服のプリントはきっと好きな色が使われているはずですから、じっくり色の組み合わせを見てみましょう。

後ろも
アレンジを。

好きなモノの
色の組み合わせを
参考に！

洋服にも
ヒントが！

085

Different Material

4
Chapter

4章だよ！
全員集合〜！

いろいろな素材で作る
マトリョーシカ

マトリョーシカが好きな人はマトリョーシカグッズも大好き。
作ったり、食べたり、飾ったり！
マトリョーシカがいっぱいのパーティーへようこそ。

Different Material

パーティータイム

マトリョーシカに囲まれながら、
みんなですごす至福の時間。
愛犬チョコのテンションも上がりっぱなしです。

> おなか…
> へったよ。。

> ぼくにも
> グラスを！

マトマト〜
シカ〜！！

へ〜ん
しん！

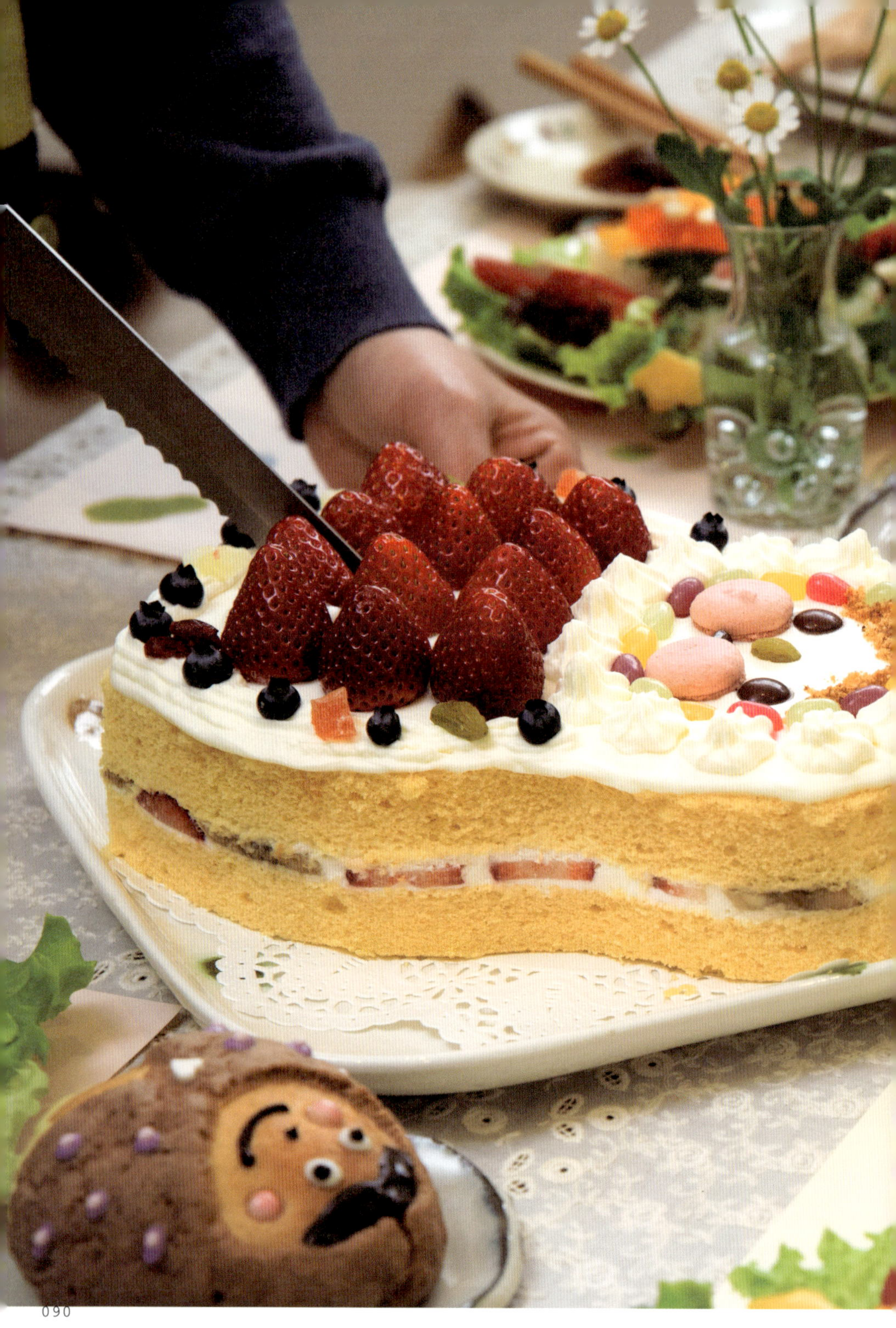

091

Different Material

フラッグガーランド

折り紙で作るマトリョーシカ型の
簡単ガーランドでパーティーを
演出しましょう。

用意するもの：

25×25cmの大判の折り紙
（1枚でマトリョーシカ3個分）
型紙用の紙／
2cmの幅で裂いた布
（飾る場所の長さに合わせて数本）
ハサミ／両面テープまたはのり

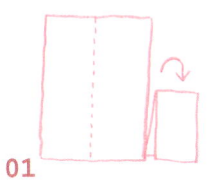

はさみ入れは思い切って！

01
大判の折り紙を3等分にカットし、2つ折りにします。

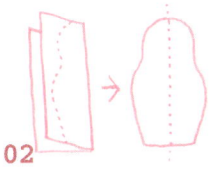

02
あらかじめ型紙を作っておき、それに合わせて折り紙をカットすると、どれも同じ大きさになります。

縦半分に折ってからカットすると左右対称になります。

03
折り目（頭のてっぺん）は繋げたままにします。

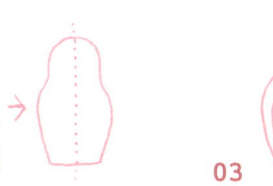

01の折り目を上にして、マトリョーシカの形に折り紙をカットします。

04
切り抜いたマトリョーシカを半分に折り、おなかの部分を好きな形にカットします。

05
2cm幅で裂いた布を結んで繋ぎ合わせます。

06
裂き布の紐にマトリョーシカをかけて、両面テープ、またはのりで貼り合わせたら完成です。

Different Material

クッキー風モビール

風に揺られてゆらゆら、ふわふわ。
見た目はクッキーだけど、実は軽量ネンド。
留め具を替えればキーホルダーやバッジにもなります。

用意するもの：

軽量ネンド／テグス／棒（15cmくらい）
絵の具／筆／のし棒／型紙用厚紙
ハサミ／ペンカッター（なければ鋭利なもの）
ステンシル用ブラシ（なければ爪楊枝など）
スポンジ／アイシング用の絵の具
（なければアクリル絵の具にニスを混ぜたもの）
ボンド／ポンポン（お好みで）

> カラダに風をあつめて。

均一に混ざるように手でよくこねましょう。

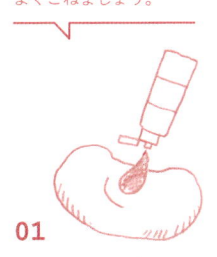

01
軽量ネンドに絵の具を混ぜてクッキー色を作ります。

02
のし棒で7mmくらいの厚さにネンドを伸ばします。

03
厚紙をマトリョーシカ型にカットし、ネンドの上に置いて、ペンカッターで型抜きをします。

乾くときにネンドが反るので、何度か裏返すとよいです。

04
切り抜いたマトリョーシカをクッキーが膨れたように、角を丸くして形を整えます。

05
ステンシル用ブラシで表面を凸凹にします。このとき上下に爪楊枝などで穴を開けておきます。

06
ネンドが乾いたらスポンジで焦げ目風に色をつけ、さらにアイシング用の絵の具を盛るようにして模様を描きます。

07
飾り用のポンポンをテグスで括りつけます。大きめのビーズや鈴をつけてもかわいいです。

バランスを見て中心の位置が決まったら、ずれないようにテグスを括りつけ、ボンドでとめます。

08
テグスを棒に括りつけたら完成です。

095

Different Material

樹脂ネンドの箸置き

ネンドでコロンとかわいく成形したら、
色とりどりにペイントしましょう。
アクセサリーやキーホルダーに
してもよいです。

用意するもの：
樹脂ネンド／絵の具
ニス／筆

元気よく！
いただきま〜す。

01
樹脂ネンドをマトリョーシカの形にします。手作り感を活かしてコロンとさせるとかわいいです。

02
乾くときにネンドが反るので、何度か裏返します。

乾いたら塗るを、最低3度は繰り返し、ツヤを出しましょう。

03
ネンドが乾いたら絵の具でペイントします。

04
絵の具が乾いたら、ニスを塗って完成です。

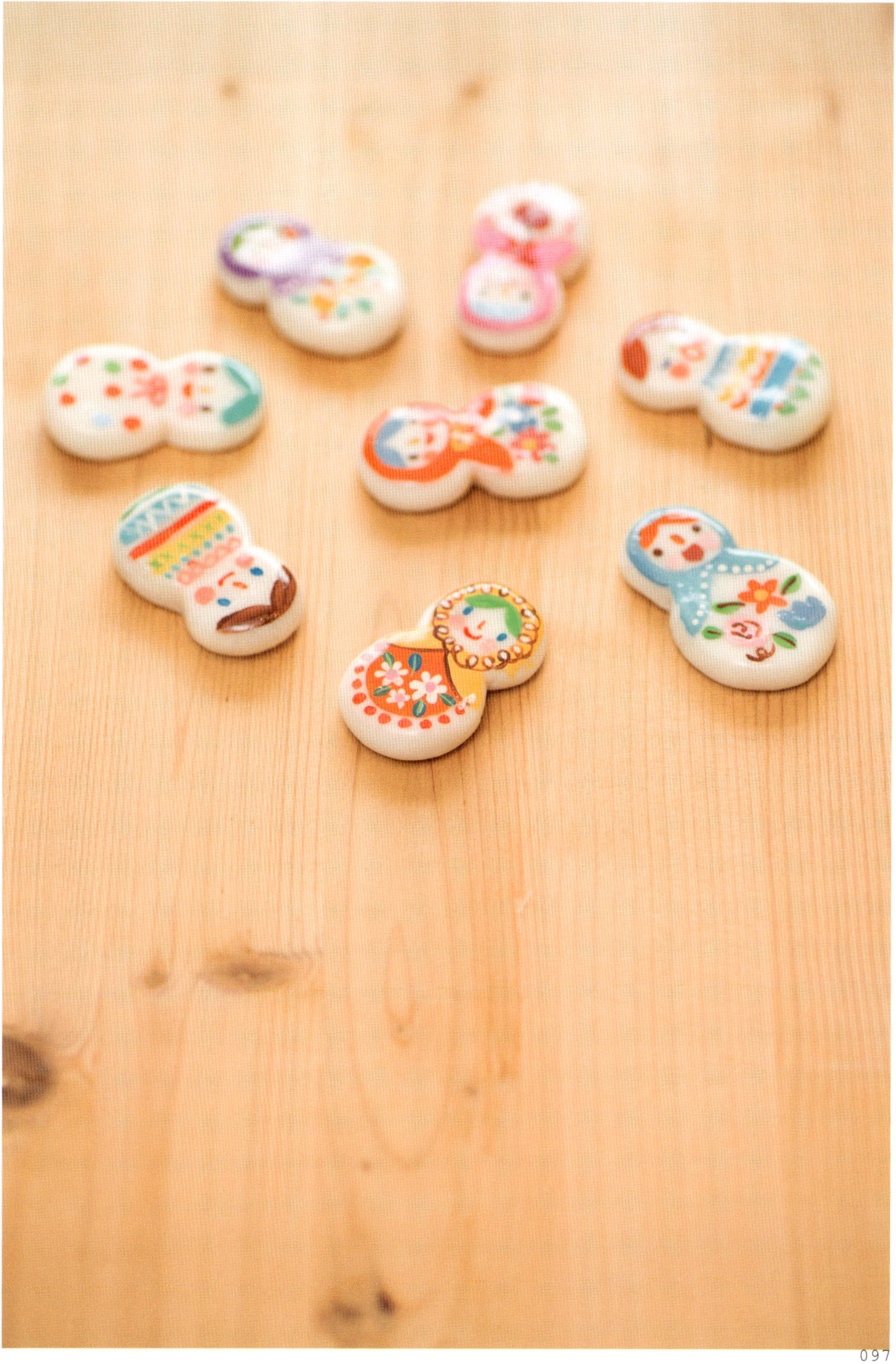

Different Material

ステンシルランチョンマット

パーティーテーブルを彩るランチョンマットを手作りしましょう！
好きな場所にスポンジでポンポン色づけします。
型紙を使うので子どもでも簡単にできます。

用意するもの：
色紙／型紙用厚紙／PP袋／ハサミ
カッター／スポンジ／マスキングテープ
絵の具／試し紙

ぼくの分ってあるよね…。

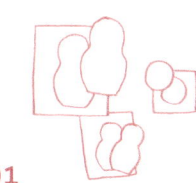

01
厚紙を好きな形に切り抜いて型紙を作ります。

02
スポンジを折りたたみ、持ちやすいようにマスキングテープで巻きます。

03
スポンジに絵の具をつけて、試し紙の上でスポンジに絵の具を馴染ませます。

04
色紙の好きな場所に型紙を置いて、少しずつ色をつけていきます。違う色を重ねても雰囲気が出ます。

05
バランスを見ながら、型紙や色を組み合わせ、乾いたら完成です。

06
PP袋に入れると何度も使用できます。

Different Material

マトリョーシカ押し寿司

和洋のコラボだよ。

お弁当箱を使って簡単押し寿司に挑戦！
いろいろな食材で
カラフルに仕上げましょう。

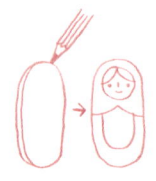

01
スケッチブックに中蓋のサイズに合わせて輪郭を描き、その中にデザインを描きます。

02
スケッチの上にクリアファイルを置いて油性ペンでアウトラインをなぞります。

03
ハサミで切り抜き、2枚重ねになっているクリアファイルの、ペン跡がついていない方を型紙にします。

04
お弁当箱にラップを敷いて、ご飯をぎゅっと詰めたら、中蓋でしっかり押さえます。

間にサーモンなど色のきれいな具材を挟むとケーキっぽくなります。

05
大きめのお皿にお好みでサラダ菜などを敷き、その上にご飯をひっくり返して出します。

06
型紙でカバーしながら具材をパーツごとにのせていったら完成です。

用意するもの:

二段重ねのお弁当箱(中蓋つき)
酢飯/飾り用具材
(スモークサーモン、海苔、いくら、
卵そぼろ、青のり、まぐろ、のりなど)
スケッチブック/クリアファイル
ハサミ/ラップ

Different Material

マトリョーシカケーキ

マトリョーシカデコレーションケーキを作りました。
デコレーションは好きだけど実はお菓子作りは苦手。
大きなスポンジケーキは近所のケーキ屋さんに焼いてもらいました。
ここではマトリョーシカの形の切り抜き方と
デコレーションについて紹介します。

用意するもの：

スポンジケーキ（8号、直径24cm）
生クリーム／フルーツ
（イチゴ、バナナ、ブルーベリーなど）
お菓子（デコレーション用）
スケッチブック
クリアファイル（型紙用）／ラップ
ペティナイフ／パレットナイフ

いちごは
どのタイミングで
食べる派？

前日の夜に仕込んでおく
とクリームが馴染んで型
抜きしやすくなります。

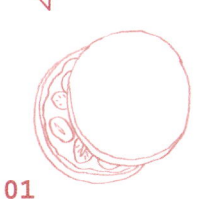

01
スポンジケーキに生クリームとフルーツを挟んでラップに包み、冷蔵庫で冷やしておきます。

02
ケーキのデザインをスケッチブックに描きます。

03
スケッチの上にクリアファイルを置き、油性ペンでアウトラインをなぞります。

頭の部分につまみをつけておきます。

04
ハサミで切り抜き、2枚重ねになっているクリアファイルの、ペンの跡がついていない方を型紙にします。

05
ラップを敷いたまな板の上で、スポンジケーキをひっくり返し、焦げ目を上にします。

06
型紙を置いて、ペティナイフで型抜きをします。

ナイフをまっすぐに突き立て、小刻みに動かしながら切ります。

07
余分なスポンジを取り除き、ラップの下からそっと手を入れ、クリアファイルの上から押さえてケーキをひっくり返します。

08
お皿の上に置いたら、ゆるめの生クリームをパレットナイフで前面に塗ります。

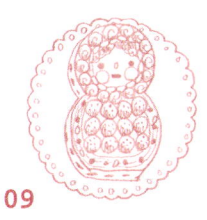

09
生クリームやフルーツ、お菓子を使ってデコレーションしたら完成です。

Column 04

将棋になった
マトリョーシカ
「まとしょうぎ」

監修は女流棋士の北尾まどかさんです。マミンカとのコラボ企画で生まれたその名も「まとしょうぎ」です。布盤にもマトリョーシカが散りばめられています。

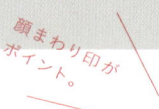

顔まわり印が
ポイント。

色とりどり
見てるだけで
楽しい！

ぎょくしょう

ふひょう

ひしゃ

きょうしゃ

かくぎょう

＊「まとしょうぎ」が買えるお店＊
「ねこまど」
⇒http://nekomado.com/
「マミンカ」
⇒http://www.maminka.com/

わたしたち
どちらがタイプ？

駒入れは手描きペイントの
マトリョーシカです。

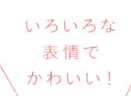

いろいろな
表情で
かわいい！

見た目のかわいらしさだけ
でなく、指しやすいように
駒の大きさ、厚みなどにも
こだわり製作しました。小
さな子どもでもわかりやす
い「ひらがな」表記。進む
方向も印がついています。

Mato Note

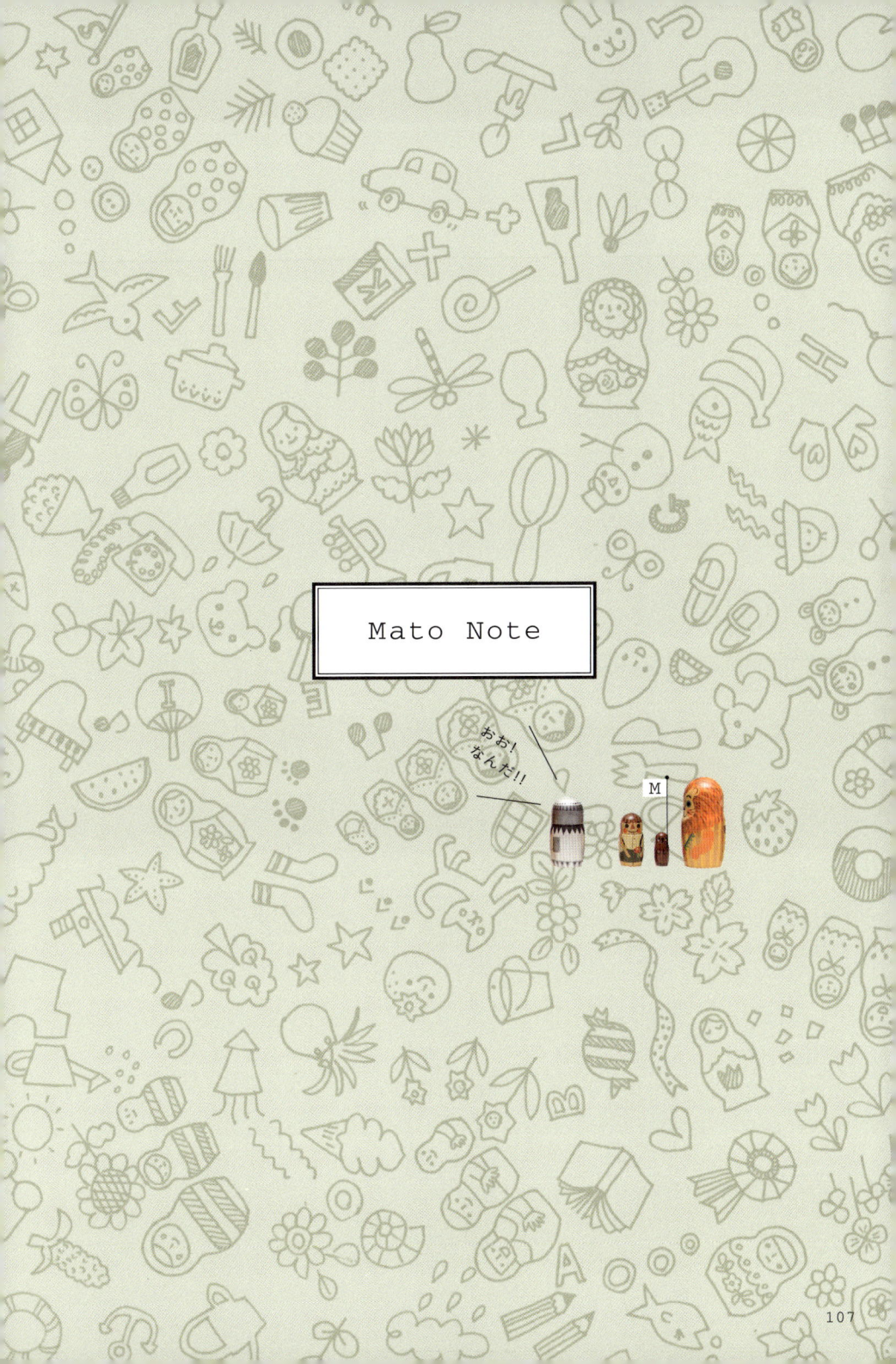

おお!
なんだ!!

M

Mato Note

楽器になったマトリョーシカ「マトリョミン」

1
マトリョミンってなあに？

一見普通のマトリョーシカですが、実はこれマトリョーシカ型の楽器なのです。マトリョーシカの中に、ロシアで生まれた世界最古の電子楽器「テルミン」の機能が納められています。「マトリョミン」はテルミンの魅力をより多くの人に伝えるために、日本で開発された楽器です。（製造元／Mandarin Electron）同じくロシア生まれのマトリョーシカと合体し、コンパクトで身近な楽器となりました。

Mandarin Electron社製
ME04ET「Banbina」／価格40,000円（税別）
「Mandarin Electron」
http://www.mandarinelectron.com/

内部はどうなっているの？

中の金属部分がテルミンのアンテナです。スイッチを入れるとアンテナから微弱な電波が発生します。その電波に対して手を近づけたり遠ざけたりすることで静電容量が変化し、音が高くなったり低くなったりします。動力は単三電池4本。底部がスピーカーになっていて本体のみで音がでます。後ろにスイッチ兼ボリュームのつまみがついています。イヤホン、ラインアウト端子も装備しています。

どうやって演奏するの？

最大の特徴は、手を触れずに演奏する独特なスタイルです。マトリョミンに手を近づけたり遠ざけたり……、空中の音を操るように演奏します。見た目のかわいらしさだけでなく、「癒しの音色」ともいわれる不思議なゆらぎ音は奏者によって自由に表現することができるので、奥深く本格的な楽器として楽しめます。

右：個人体験教室の様子
下：アンサンブル教室の様子

どこで習ったらいい？

マトリョミンは手軽に持ち運べるため、アンサンブル演奏も可能です。声に個性があるように、マトリョミンの合奏も音が複雑に重なり合い重厚感のある音色になります。不思議な魅力いっぱいのマトリョミンはファンも増殖中で、日本各地に教室もあります。マミンカでは月に1度、都内にあるチェコ料理の店「だあしゑんか」にてテルミン演奏家相田康一郎先生を招いて、アンサンブルクラスと個人体験教室を開いています。楽器を持っていない方もお気軽に体験することができます。

教室問い合わせ
「マミンカ」http://www.maminka.com/

Mato Note

いろんなマトリョミン

通常のマトリョミンはロシアで絵つけされたものですが、
マミンカでは2008年よりオーダーメイド
マトリョミンの製作をはじめました。
今では全国に200体近いマミンカオリジナル
マトリョミンオーナーがいます。
猫、犬、和服など、
こだわりのオーダーペイントをご覧ください。

✧ ✧ ✧

✛ ✛ ✛

✣ ✣ ✣

112

アイデア豊富だなー。

113

ここは
動物編か。

114

✣ ✣ ✣

Birthday	Baby Gifts
Chima Jeogori	Roly-Poly
Roly-Poly	Magnet
Surprise	Rabbit

思い出で いっぱい。

Mato Album

1

Maid Cafe

Hello!

Music Box

Back Shot

Fox and Guiter

Pan Pan

Happy Hello !!

Maid Café

ぼくは
強いんだぞ。

smile

swimming

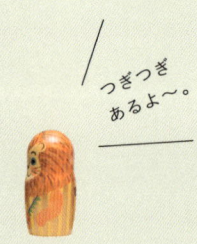

Mother

Friends

つぎつぎあるよ～。

Mato Album 2

Wedding

Children

Family Cat

1, 2, 3, 4 OK!!

Happy!

From a top HI!

Fox and squirrel

smile

Mather's Day

だれだー
早く戻せー。

Happy Hello!!

M

Mato Album

Let's song

Bear

わー
長くなってない？

Gift

!!

Meeting

Family

Fairy tale

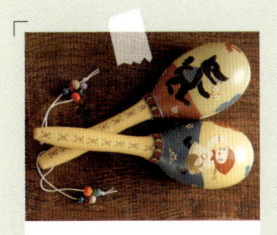

Maracas

Eyes are Closed

My Home

Commemoration

Father

FINE!

Design Sample
01

Design Sample
02

Design Sample
03

Design Sample
04

EPILOGUE

マトリョーシカと出会う前は、
子どものためのお人形を作ったり、
絵を描いたりするのが私のライフスタイルでした。
あるとき、作品展で飾ったマトリョミンを
ご覧になった方から、
「これはオーダーできるのでしょうか?」と
声をかけられました。
これをきっかけに、オーダーペイントをはじめるようになり、
子どものためだったもの作りが、
少しずつ外へと広がっていったのです。

ひとつひとつ心を込めて描いたマトリョーシカや
マトリョミンが、手元から離れていくのは、
少しだけ寂しい気持ちもありますが、
それ以上に、
嬉しい出会いや繋がりを運んできてくれました。
今では一緒にイベントを開催したり、
演奏したりする仲間がたくさんいます。

本書に掲載されているマトリョーシカは、
10年に渡って製作してきたものです。
過去の作品に触れるのは懐かしくもあり、
気恥ずかしくもありますが、
楽しんでいただけましたら幸いです。

本の製作にあたって、尽力してくださったすべての方、
最後まで読んでくださった読者のみなさんに、
心より感謝申し上げます。
またどこかでお逢いできますように。

上原光子

08.AUG.2014

ご愛読
ありがとー。

Uehara Mitsuko:

マト絵師（マトリョーシカ、マトリョミン絵つけ師）。
北海道出身。雑貨メーカー「ら・むりーず」にて雑貨企画デザインを学んだ後、自身のブランド「Maminka（マミンカ）」を設立。マミンカとはチェコ語で「お母さん」。"母から子に伝えたいこと"をテーマに、様々なジャンルで創作活動を展開している。2007年よりマト絵師として、マトリョミンオーダーペイントを開始。現在までおよそ200体のオリジナルペイントマトリョミンを製作。その他、全国各地で工作教室、ペイント教室、マトリョミン演奏活動を行っている。
http://www.maminka.com/

Special Thanks:

はりねずみのパン教室 el erizo
http://harinezumipan-el-erizo.jimdo.com/
—
パティスリー ドゥ・スイーツ
http://dosweets.com
—
So FUJIMINO
tel.049-262-8739
—
チェコ料理・ビール・絵本「だあしゑんか」
http://dasenka.jpn.org/bar/
—
ロゴスキー深沢カフェ
http://www.rogovski.co.jp/fukazawa/

また会えると
いいね！

MATO
マトリョーシカのレシピ帖

2014年9月9日
初版第1刷発行

著者　　　上原光子
デザイン　川島卓也
写真　　　上原ゼンジ
イラスト　上原光子
編集　　　谷口香織
発行者　　柳谷行宏
発行所　　雷鳥社
　　　　　〒151-0062
　　　　　東京都渋谷区元代々木町52-16
　　　　　TEL 03-3469-7979
　　　　　FAX 03-3468-7272
　　　　　http://www.raichosha.co.jp/
　　　　　info@raichosha.co.jp
　　　　　郵便振替 00110-9-97086
印刷・製本　シナノ印刷株式会社

定価はカバーに表示してあります。
本書の写真・イラストおよび記事の無断転写・複写をお断りいたします。
著者権者、出版者の権利侵害となります。
万一、乱丁・落丁がありました場合はお取り替えいたします。

©Mitsuko Uehara / Raichosha 2014 Printed in Japan.
ISBN 978-4-8441-3668-2 C0077